AF243104

LES
RÉFORMES SOCIALES

LES

RÉFORMES SOCIALES

PAR

ALF. DREUX

SOMMAIRE

IMPÔTS — LOIS ET PEINES — INSTRUCTION PRIMAIRE — ORGANISATION MUNICIPALE — COMMISSIONS CANTONALES — PETITS TRAITEMENTS ET LUXE — FORME DU GOUVERNEMENT.

Se trouve à Ribécourt (Oise), chez l'auteur.

COMPIÈGNE

IMPRIMERIE J. DELHAYE, RUE DE LA CORNE-DE-CERF, 8.

Mars 1871.

PRÉFACE

Privé des bienfaits d'une instruction première,
n'ayant que des idées d'ensemble sur la politique
dont je n'ai jamais étudié les détails, j'étais loin de
penser au début de cette malheureuse campagne,
dont je ne redoutais les conséquences qu'au point
de vue de l'humanité et de la civilisation, j'étais
loin de penser, dis-je, que je prendrais jamais la
plume pour écrire sur l'économie sociale.

Mais frappé de ce fait inouï que depuis le 4
septembre, date à laquelle le gouvernement de Bo-
naparte, finissant comme il avait commencé, s'est
effondré en accumulant sur la France, des malheurs
sans précédents dans son histoire pourtant si agitée,
le seul usage que la presse ait su faire de la liberté qui lui était restituée après dix-huit ans de
spoliation, a été de répandre à profusion des articles
et des brochures sur le gouvernement tombé, sur
les orgies et les scandales de la cour, sur les dilapidations et les corruptions de toute nature qui ont
été le fond de ce règne démoralisateur.

Persuadé d'un autre côté, que les récriminations
ne menant à rien de bon, il était infiniment plus
sage au lieu de salir sa plume à écrire des pamphlets
qui écœurent et font mal à lire, d'étudier sérieu-
sement les moyens de sortir la France de sa désas-
treuse situation, et, mettant à profit les loisirs que

mes humbles fonctions me laissaient par suite de la guerre, je me suis mis à l'œuvre avec la ferme conviction que mon travail ne serait peut-être pas sans utilité, n'eut-il d'ailleurs que le mérite de détourner les esprits de ces écrits nauséabonds, pour les ramener vers les choses grandes et sérieuses.

Je prie donc mes lecteurs de me pardonner ma présomption en faveur de ma bonne intention. Mais surtout qu'il soit bien entendu que je suis sans prévention comme sans haine contre qui que ce soit ; que je suis content de ma position et ne brigue aucune place ni aucun emploi ; qu'affecté d'une maladie qui ne pardonne point et qui me laisse peu d'illusion, je n'ai d'autre ambition que celle de voir mon malheureux pays se relever et redevenir le foyer de la liberté, le phare de la civilisation. Je me tiendrais pour très-heureux si j'avais le bonheur insigne de coopérer pour une faible part à atteindre ce résultat.

Enfin, on remarquera que la question d'impôt formant l'objet du chapitre premier a été traitée à une époque où les désastres de la France pouvaient encore se chiffrer par quelques milliards et on comprendra qu'aujourd'hui que ces désastres ont atteint des chiffres non encore appréciables mais en tous cas énormes, il ne sera pas possible, du moins quant à présent, de supprimer les impôts indirects et qu'il y aura lieu peut-être d'élever le taux des trois dernières catégories. A part ces modifications qui ne devront être que très-momentanées, je demeure de plus en plus convaincu que la répartition de l'impôt, indiqué dans ce chapitre, est la seule juste et qui soit capable de sauver la situation.

CHAPITRE PREMIER.

De l'Impôt

> Les revenus de l'Etat sont une portion que chaque citoyen donne de son bien, pour avoir la sûreté de l'autre, et pour en jouir agréablement.
>
> MONTESQUIEU, esprit des lois, livre 13, chapitre 1ᵉʳ.
>
> Les impôts sont nécessaires ; la meilleure manière de les lever est celle qui facilite davantage le travail et le commerce.
>
> VOLTAIRE.

L'impôt doit être tout simplement une certaine portion de son revenu net payé par chaque citoyen à l'Etat pour subvenir à ses charges. Moyennant ce paiement l'Etat doit garantir à chacun sa pleine et entière liberté et protéger la fortune de tous.

Pour être d'une perception facile et ne causer aucun embarras au gouvernement, l'impôt doit être juste dans ses principes comme dans ses bases et surtout équitablement réparti. Il doit atteindre toutes les fortunes mais bien entendu dans des proportions différentes ; il doit être infime à l'égard des personnes qui possèdent peu ou qui ne possèdent que le strict nécessaire ; modéré à l'égard de celles qui vivent dans l'aisance et élevé à l'égard des riches qui vivent dans l'abondance et nagent dans le superflu.

Nous avons actuellement en France deux sortes d'impôt, les impôts directs et les impôts indirects.

Parmi les premiers, nous trouvons d'abord la cote personnelle, c'est un droit fixe de 2 fr. 25 c. que doit acquitter tout chef de famille. Cet impôt consacre un principe d'égalité, il est en harmonie parfaite avec les idées républicaines, il y a donc lieu de le conserver tel qu'il existe.

L'impôt sur le revenu foncier qui vient ensuite serait basé d'une façon assez équitable, si à côté de lui on avait créé un impôt sur les valeurs mobilières et industrielles ; mais cette lacune qui a eu pour résultat de faire peser trop lourdement sur l'agriculture les charges de l'Etat et d'en exonérer les capitaux, a sanctionné un principe injuste, révoltant, qu'il convient de faire disparaître de nos institutions nouvelles.

Ce système a de plus l'inconvénient, en ne déduisant pas le passif qui grève certains immeubles, de faire payer des impôts souvent élevés à ceux-là qui ne possèdent réellement rien.

L'impôt des portes et fenêtres, c'est-à-dire sur l'air que nous respirons ou le jour que nous recevons, et l'impôt des patentes, c'est-à-dire sur le travail, sont souverainement injustes, ils ne peuvent soutenir aucune discussion sérieuse, ils doivent dont être abolis sans examen.

Quant aux impôts indirects, ils sont tous, tout bonnement iniques ; ils sont de plus perçus d'une madière inquisitoriale et vexatoire qui porte une véritable et sérieuse atteinte à la liberté.

Les droits d'enregistrement sur les ventes, échanges, etc., qui à première vue paraissent assez justes sont cependant loin d'être rationnels ; pour s'en convaincre, il suffit de comparer deux propriétés contiguës d'une valeur égale de 20,000 fr. par exemple ; l'une d'elles aura pu changer six fois de propriétaires dans l'espace de vingt ans et par conséquent avoir payé à l'enregistrement 40 0/0 de sa valeur, soit dans l'hypothèse 8,000 fr., tandis que sa voisine qui sera restée dans les mêmes mains n'aura rien payé. (1)

Ce que je viens de démontrer pour les droits de vente s'applique également aux droits de mutation par décès.

On m'objectera sans doute que ces droits sont ceux qui se perçoivent le plus facilement et qui donnent lieu à moins de réclamations, que d'ailleurs — raison plus péremptoire — celui qui achète a toujours des affaires prospères et peut de même que l'héritier, acquéreur à titre purement gratuit, payer des droits.

Il suffit de réfléchir pour reconnaître la faiblesse de ces arguments, du moins en ce qui concerne l'acquéreur à titre onéreux, car enfin celui-là qui par l'ordre, l'économie et une conduite régulière amasse pour ses vieux jours ou pour établir ses enfants, doit-il plutôt qu'un autre qui vit au jour le jour, au milieu du désordre et de la débauche, payer un impôt quelconque à l'Etat ? non ! assurément non !!! car c'est indirectement imposer l'ordre et l'économie, ce qui est aussi absurde qu'immoral.

L'impôt sur les boissons, (2) sur le sucre, sur le sel, sur le tabac, qui frappe si lourdement le pauvre

---

(1) Je puis indiquer un immeuble, un établissement industriel qui, depuis moins de 14 ans, est passé aux mains de sept propriétaires et a payé en droits de vente, seuls, 10,273 fr. 64 c. sans compter les droits de quittance, de transport, etc.; le prix de la dernière vente a été de 14,000 fr.

(2) Les impôts qui portent sur les objets de première nécessité, avec un air de justice apparent, sont au fond très-injustes. — *J. J. Rousseau.*

et qui ne fait qu'effleurer le riche, n'est autre chose que l'ancienne dîme payée en argent, c'est-à-dire un vestige de la féodalité qu'il importe de faire disparaître. Néanmoins il n'y a pas d'inconvénient à ce qu'il soit fabriqué du tabac et des cigares d'une qualité supérieure, lesquels seront imposés de même que le sel blanc, la poudre de chasse, le vin fin, la fine champagne et autres produits considérés comme de luxe. Ce moyen aura l'immense avantage de permettre la conservation, sans bourse délier, de la plus grande partie du personnel de l'administration des contributions indirectes et de sauvegarder ainsi les droits acquis.

Tout ceci admis en principe, il s'ensuit que de nos impôts actuels, la cote personnelle seule doit être maintenue ; tous les autres sans exception doivent être abolis et remplacés par un impôt unique, tout à la fois progressif et proportionnel, basé sur le revenu de chaque citoyen d'après sa déclaration à la mairie de sa commune.

Cet impôt pourra être essayé sur les bases suivantes :

1re catégorie au-dessus de 100,000 f. de revenu le 1/4.
2e dito de 50 à 100,000 fr. (1) . . le 1/5.
3e dito de 40 à 50,000 fr. . . . le 1/6.
4e dito de 30 à 40,000 fr. . . . le 1/7.
5e dito de 20 à 30,000 fr. . . . le 1/8.
6e dito de 10 à 20,000 fr. . . . le 1/9.
7e dito de 5 à 10,000 fr. . . . le 1/10.
8e dito de 3 à 5,000 fr. . . . le 1/15.
9e dito au-dessous de 3,000 fr. . . . le 1/20.

---

(1) A première vue le taux des cinq premières catégories pourra paraître exorbitant, mais en examinant attentivement on remarquera qu'actuellement les propriétaires fonciers supportent en impôts directs un chiffre variant entre le sixième et dixième de leurs revenus et qu'ils sont de plus astreints à l'impôt indirect, rapportant à l'Etat plus que l'impôt foncier. Qu'en un mot, ils paient un impôt variant entre le tiers et le cinquième de leurs revenus.

Examinons de suite le déficit que produira dans les recettes du budget, la suppression des impôts directs et indirects jugée nécessaire ci-dessus.

1°. Montant des contributions directes moins la cote personnelle, trois cent dix millions, ci.   310

2°. Droits proportionnels d'enregistrement et de mutation, trois cent vingt millions, ci   320

3°. Droits de douanes à l'importation applicables au sucre, au café et autres denrées, matières ou objets de première nécessité, quarante-quatre millions, ci .   44

4°. Droits des contributions indirectes, moins le produit de la vente de la poudre et autres non applicables aux boissons ni aux tabacs, cinq cent soixante-quatre millions, ci.   564

Ensemble douze cent trente-huit millions.   1,238

A déduire des recettes du budget s'élevant à dix-sept trente-huit millions. .   1,738

Reste, cinq cents millions, ci . . .   500

De cette somme, il faut encore déduire les centimes spéciaux revenant aux départements et aux communes sur les contributions directes, deux cent quatre vingts millions, ci   280

Reste donc comme première ressource, deux cent vingt millions, ci.   220

A laquelle il convient d'ajouter : . .

1° Économie sur la liste civile, sur les dotations à la famille impériale, au sénat, sur le cumul et les traitements trop élevés, soixante millions, ci.   60

2o. Sur le ministère de l'intérieur, section police, police secrète, sûreté de la ville de Paris, sur le ministère d'Etat, ce-

A Reporter 280

Report 280

lui de la maison de l'empereur et des beaux arts, environ dix millions . . .   10

3º. Sur les droits et frais de régie et perception des contributions indirectes, service des tabacs, environ cinquante millions, ci   50

4º. Le produit de la taxe sur les objets de luxe environ cent millions. . .   100

Ensemble, quatre cent quarante millions, ci   440

Je signale seulement pour mémoire une autre réforme. Je n'ai jamais pu me rendre un compte bien exact de l'utilité des receveurs-généraux et particuliers; ces fonctionnaires n'ont d'autre mission que celle de centraliser les fonds des diverses caisses publiques. Or, les versements peuvent être faits par les receveurs des services publics aux succursales de la Banque de France. Il y aura là encore une économie de cinq à six millions qui pourra être avantageusement reportée au budget par trop restreint du ministère de l'Instruction publique.

Voyons maintenant ce que produira l'impôt progressif sur les bases indiquées plus haut.

D'après une statistique remontant à 1868 que j'ai sous les yeux et que tout me porte à croire exacte, la fortune privée en France est ainsi évaluée :

Propriétés foncières non bâties y compris superficie, mines, carrières, gisements, sources et autres incorporés au sol, cent cinquante-cinq milliards, ci   155

Propriétés bâties y compris certains objets attachés aux constructions, usines et établissements cent douze milliards, ci.   112

Propriétés mobilières, meubles meublants, valeurs, actions, obligations, créan-

A Reporter . . .   267

Report 267

ces et stock de marchandises, cent soi-
xante-seize milliards. 176

Ensemble, quatre cent quarante-trois
milliards. 443

Le revenu moyen de cette fortune peut,
sans exagération être évalué à quatre pour
cent, soit au total dix-sept milliards sept
cent vingt millions, ci. 17,720

Or, toujours d'après la statistique dont
je viens de parler :

56	milliards rapportant	2,240	millions rentre-ront dans la	1re catégorie et donneront	560
46	—	1,840	—	2e —	368
42	—	1,680	—	3e —	280
44	—	1,760	—	4e —	251
52	—	2,080	—	5e —	260
50	—	2,000	—	6e —	222
48	—	1,920	—	7e —	192
43	—	1,720	—	8e —	114
62	—	2,480	—	9e —	124
443		17,720	Total de l'impôt progressif, 2 milliards 571 millions		2,371

En joignant à cette somme déjà énorme
les quatre cent quarante millions restant
du budget et provenant d'économies, ainsi
que cela est expliqué ci-dessus. . . . 440

On trouve un total de deux milliards huit
cent onze millions sans compter l'impôt
à payer par les commerçants . . . 2,811

Je crois que sur cette somme, il faudra allouer
des subventions aux départements et aux communes
qui n'auront pas de ressources suffisantes pour faire
face à leurs dépenses ordinaires. Mais en portant ces
subventions à cinq cents millions, chiffre assurément
très-supérieur à celui qui sera réellement nécessaire,
il restera encore dans un temps relativement rap-
proché, de quoi réparer les désastres de cette mal-

heureuse campagne, équilibrer parfaitement nos budgets, augmenter les petits traitements, rendre l'instruction primaire gratuite et même plus tard, amortir notre dette flottante.

L'équité qui forme la base de l'impôt ainsi réparti n'échappera à personne. On applaudira généralement au dégrèvement des objets de première nécessité et à la diminution de l'impôt qui écrase aujourd'hui l'agriculture et les propriétaires fonciers pour frapper davantage et graduellement, l'aisance, l'abondance, le luxe et le superflu.

Cependant il ne faut pas se dissimuler que cette réforme rencontrera des adversaires puissants parmi nos grands capitalistes et nos grands industriels. Ces messieurs ont naturellement trouvé trop commode jusqu'ici de ne rien payer sur leurs valeurs mobilières, placées à 5, 6, 7 et 8 0/0 pour ne pas manquer de détracter un projet qui tend à les priver de cette faveur inqualifiable; mais comme en somme ce projet ne peut être combattu que par des raisons spécieuses et par des personnes intéressées à le faire, l'avantage, je n'en doute pas, lui restera.

Relativement à la déclaration de revenu à faire à la mairie, j'ai la conviction qu'une République modérée et honnête moralisera et que ces déclarations auront un caractère de sincérité qu'elles n'auraient point eu sous l'empire. Cependant comme sous un gouvernement républicain même, il ne faut pas espérer la perfection, il sera bon de stipuler comme moyen coercitif, que tout individu convaincu d'avoir sciemment fait une fausse déclaration ou une déclaration incomplète, paiera à titre d'amende la moitié de la valeur non déclarée; on verra avec cette pénalité toutes les déclarations devenir exactes.

Tous les actes translatifs et déclaratifs de propriété seront, comme par le passé, soumis à l'enregistrement, mais à un droit fixe ou à un droit proportionnel insignifiant, et ce, dans le but unique de contrôler la déclaration faite à la mairie. L'administration de l'enregistrement moins peut-être les directeurs, inspecteurs et vérificateurs, devra être maintenue dans toute son intégrité ; les droits seuls seront supprimés ou sensiblement réduits.

Quant aux commerçants, ils seront divisés par catégories et par classes qui se subdiviseront à l'infini. De cette façon, on arrivera à leur faire payer l'impôt aussi exactement que possible, eu égard au genre de commerce exercé, à son importance et aussi au bénéfice qu'il peut procurer ; mais sans avoir à se préoccuper du local dans lequel il s'exploite, cette base étant absurde.

La Chambre des députés discutera la part de l'impôt total revenant à l'Etat et à chaque département ; le Conseil général répartira la portion afférente à chaque canton, et enfin une commission cantonale fixera le contingent de chaque commune, le tout proportionnellement au nombre d'habitants ; mais en tenant compte toutefois des besoins des départements et des communes.

CHAPITRE DEUXIÈME.

Des Lois et des Peines.

Toutes nos lois peuvent être divisées en deux catégories bien distinctes ; les lois civiles qui règlent les droits et les devoirs, les intérêts et les rapports des citoyens entr'eux ; les lois criminelles qui définissent et déterminent les crimes, les délits et les contraventions, la manière de les poursuivre, et règlent les peines qui leur sont applicables.

Les lois civiles, quoique assez nombreuses, présentent comme concision, comme clarté, comme esprit de liberté, d'équité et de justice un ensemble de législation qui fait l'admiration des peuples civilisés. Les quelques points défectueux qu'on y rencontre sont, par rapport au tout, assez insignifiants et peuvent attendre une révision qui, n'étant pas réclamée par des besoins impérieux, ne viendra qu'en son temps.

Les lois criminelles sans avoir la perfection de nos lois civiles sont cependant loin d'être mauvaises. La révision de quelques parties non complètement en rapport avec la liberté des mœurs républicaines et concernant notamment la prévention, les délits de presse, la formation du jury, la récidive, etc., jointe à l'abolition déjà décrétée de la peine de mort, mettra de suite ces lois au niveau des lois civiles.

A ces deux catégories de lois, il faut ajouter la procédure qui est l'ensemble des règles à observer pour faire prononcer par une juridiction quelconque, soit à l'égard d'une contestation relative à l'état des personnes et des propriétés, soit à l'égard des attentats contre la sûreté de ces personnes ou de ces propriétés.

Les lois sur la procédure sont, elles, loin, très-loin même de la perfection, on y a multiplié comme à plaisir des formalités aussi coûteuses qu'inutiles qui éternisent les procès, ruinent les populations et servent d'aliments aux haines et aux dissensions qui divisent des membres d'une même famille, des amis, des voisins, des habitants d'une même localité, qui tous ne devraient que s'aimer et s'entraider.

Le code de procédure est depuis longtemps condamné dans l'opinion publique. Le gouvernement impérial en avait promis la révision ainsi que la promulgation du code rural attendu vainement depuis bien longtemps. Le cabinet du 2 janvier a marqué son avènement aux affaires par la nomination d'une commission chargée d'élaborer le projet de cette révision.

Dans de semblables conditions, je ne doute pas que le gouvernement républicain, dès que la crise terrible que nous traversons le permettra, ne s'occupe activement de cette importante réforme, et que grâce aux conseils et aux lumières des hommes pratiques et compétents dont il ne manquera pas de s'entourer, il ne dote la France d'un nouveau code de procédure qui, tout en sauvegardant davantage les intérêts placés directement sous la protection des lois, permettra de rendre la justice d'une manière aussi prompte que peu coûteuse.

Il existe dans l'organisation judiciaire actuelle une juridiction, qui, quoique occupant une place fort modeste dans l'ordre hiérarchique, rend cependant des services de la plus haute importance, je veux parler des justices de paix. La statistique publiée chaque année par le ministère de la justice donne à leur égard, des chiffres assez éloquents pour qu'on puisse se dispenser de tout commentaire.

Le juge de paix est du reste placé dans des conditions exceptionnelles. Au milieu d'une population qu'il connaît, dont il connaît les mœurs, les habitudes, les antécédents, jouissant de l'estime et de la considération de tous ses justiciables, il peut par son influence et ses conseils, tout en conciliant les intérêts de chacun, prévenir bien des procès, épargner des frais considérables, éviter des haines et des divisions, et par une sage médiation faire rentrer dans bon nombre de familles, l'union, la paix et la concorde.

Il y a lieu d'espérer que les législateurs pénétrés des immenses services que rendent ces honorables magistrats et plus encore de ceux qu'ils sont à même de rendre, ne manqueront pas d'étendre considérablement leur compétence et leurs attributions, sauf à se montrer plus exigeants à l'égard de leur capacité et sauf aussi à augmenter leur traitement dès que cela sera possible, de manière à ce que cette fonction ne puisse plus être considérée comme équivalant à une simple retraite.

DES PEINES.

Sans entrer dans les définitions ni les classifications du code pénal, on peut considérer les peines comme étant seulement de deux natures : corporelles et pécuniaires.

La liberté individuelle étant à juste titre considérée comme le plus précieux de tous les biens, il s'ensuit que les citoyens qui en sont privés, riches comme pauvres sont également punis. Les peines corporelles peuvent donc être appliquées indifféremment aux riches et aux pauvres et dans d'égales proportions.

Mais en est-il de même des peines pécuniaires ? Montesquieu, l'incomparable auteur de l'esprit des lois, dit : « Il est essentiel que les peines aient de l'harmonie entr'elles, » Cette harmonie ne semble-t-elle pas totalement détruite quand on voit un simple ouvrier ne vivant que du produit de son travail journalier et un homme possesseur de 80,000 fr. de rente condamnés — pour un même fait j'en conviens — à une peine égale ? ne semble-t-il pas que l'ouvrier obligé de travailler toute une semaine pour acquitter une amende de 15 francs, je suppose, soit au moins cent fois plus puni que l'homme riche dont cette même amende ne représente que la centième partie du revenu hebdomadaire ???

Poser une pareille question c'est la résoudre. Il faudrait n'avoir aucun sentiment du juste et de l'injuste pour ne pas sentir que tant que les peines pécuniaires ne seront pas proportionnées aux fortunes, les riches éluderont ou à peu près l'effet des lois qui ne comportent pas de peines corporelles.

Avec le système d'impôt que nous avons en ce moment, il serait difficile, sinon impossible pour le juge de se procurer une base certaine pour établir cette proportionnalité ; mais avec celui que j'indique cela est on ne peut plus facile.

Les peines édictées par le code pénal et par les lois actuellement en vigueur, resteront comme criterium et seront appliquées aux citoyens ne payant pas d'autre impôt que la cote personnelle, et elles seront doublées, triplées, quadruplées, etc., selon que le délinquant appartiendra à l'une des 9e 8e 7e 6e catégorie, et ainsi de suite ; de telle sorte que dans le cas ci-dessus prévu, l'ouvrier sera condamné à 15 francs d'amende et le propriétaire de 80,000 fr. de rente à 135 fr. de la même peine comme apparenant à la deuxième catégorie.

Le prévenu en déclinant ses noms devra justifier de sa feuille d'impôt. En tous cas le ministère public devra se procurer tous les documents nécessaires pour pouvoir requérir et mettre le tribunal à même de prononcer la peine avec connaissance de cause.

CHAPITRE TROISIÈME.

De l'Instruction primaire.

Le suffrage universel n'aura véritablement sa raison
d'être et ne sera définitivement à l'abri de toute cri-
tique que du moment, où tout électeur pourra lui-
même écrire son bulletin de vote et lire couram-
ment les comptes-rendus des séances des conseils
municipaux, des conseils généraux et du Corps
législatif.

Pour arriver à ce résultat, il faut non-seulement
rendre l'instruction primaire gratuite mais obliga-
toire. Il faut que les pères, mères ou tuteurs soient
tenus de faire fréquenter l'école à leurs enfants ou
pupilles, depuis l'âge de cinq ans jusqu'à celui de
treize et qu'ils puissent y être contraints par des
peines pécuniaires d'abord, et si elles restaient im-
puissantes par des peines corporelles.

On croit généralement en France, qu'une semblable obligation sera une atteinte portée à la liberté
des citoyens et à l'un des attributs de la puissance
paternelle : c'est là assurément une grave erreur

due à nos préjugés. La loi Grammont qui défend de maltraiter les animaux; l'arrêté préfectoral qui défend aux habitants d'un département de couvrir leurs bâtiments en chaume pour éviter les incendies ; celui qui prescrit de museler les chiens pour prévenir les cas de rage, portent-ils atteinte à la propriété ou à la liberté ? non ! certainement non !! Eh bien ! pourquoi donc une belle et bonne loi qui empêcherait un père de laisser son fils ignorant et peut-être même de devenir criminel, serait-elle jugée différemment ?

Le fait pour un père de faire de ses enfants des êtres inférieurs, ne peut, du reste, à aucun point de vue être considéré comme étant l'usage d'un droit dérivant de la puissance paternelle mais bien comme l'oubli du plus grand des devoirs de la paternité.

Des utopistes qui ont traité cette grave question ont indiqué, d'une façon assez timide du reste, quelques moyens coercitifs tout à fait inapplicables, tels par exemple que la prohibition de contracter mariage pour les individus ne sachant signer et la privation des droits d'électeurs de tout citoyen ne pouvant écrire lui-même son bulletin.

Des pénalités aussi absurdes ne peuvent être prises au sérieux ; car, outre qu'elles frapperaient toujours des innocents, elles seraient en contradiction flagrante avec ces principes admis par tous les légistes, que dans l'intérêt de la morale comme dans celui de la propagation des races, les mariages doivent être favorisés par tous les moyens possibles.

Il faut de plus veiller à ce que, sous aucun prétexte, les instituteurs ne puissent être détournés de leurs occupations.

Dans presque toutes les communes rurales, ils cumulent avec leur fonction celles de chantre au lutrin et de secrétaire de la mairie.

Cet état de choses qui présente l'immense danger de placer les instituteurs sous la domination des curés et des maires et de faire naître tant de conflits, a de plus, dans les localités importantes le grave inconvénient de prendre un temps considérable sur

les heures affectées aux classes d'après le rè-
glement.

En effet dans les communes de 800 habitants et
au-dessus le nombre des mariages, enterrements, an-
niversaires etc., peut sans exagération être porté
annuellement à 80, c'est donc par an 80 matinées
de perdues et même davantage, car l'instituteur qui a
chanté une avant-midi est peu disposé à faire la classe
le restant de la journée.

Mais il va sans dire qu'il y aura lieu de tenir
compte à ces fonctionnaires et dans de très-larges
proportions de la perte pécuniaire que leur occa-
sionnera cette urgente réforme.

Il y aura lieu aussi de remédier à un abus qui
menace de passer à l'état d'habitude, je veux parler
de l'admission dans le corps enseignant de congré-
ganistes munis seulement de lettres d'obédiences
délivrées par les évêques. Ces lettres ne peuvent
être une garantie suffisante et ne sauraient remplacer
le diplôme qui devra être rigoureusement exigé désormais.

Il faudra de même, donner plus d'importance à la
délégation cantonale, définir plus clairement ses attributions comme ses devoirs, et surtout tenir la
main à ce qu'elle fonctionne, car jusqu'ici, elle
n'a guère existé que sur le papier.

Enfin, on devra continuer à stimuler le zèle des
maîtres et le courage des élèves par des concours
cantonaux et même départementaux. Ces luttes pacifiques obligent les maîtres à travailler, à bien pré-
parer leur classe, à rendre leur enseignement plus
pratique et plus méthodique. En un mot créer des
concours entre les écoles c'est bien certainement assurer le succès de l'enseignement.

Un inspecteur du département de l'Oise, en rési-
dence à Senlis, M. Boucher, a répondu à certaines
objections faites contre l'institution des concours
cantonaux par des personnes toujours disposées à
voir des inconvénients là où il n'y a que des avantages.

Voici ce qu'il disait en 1869, à la distribution des prix aux lauréats du concours cantonal de Creil :

« La comparaison des copies de cette année avec
« celle de l'année précédente montre les bons
« effets des concours cantonaux. Il y a progrès réel
» dans l'ensemble ; et, à l'honneur des maîtres, je
« suis heureux de le proclamer.

« Pourquoi les concours cantonaux sont-ils si
« utiles ? c'est parce qu'ils sont un puissant moyen
« d'émulation, et que l'émulation, comme l'a dit un
« auteur, est un levier auquel rien ne résiste.

« Désormais ces concours deviendront un but, un
« point de mire pour les enfants qui fréquentent
« nos classes ; leur travail sera stimulé ; et les
« familles qui ne sont point indifférentes aux succès
« de leurs enfants s'imposeront plus volontiers des
« sacrifices pour laisser ceux-ci plus longtemps à
« à l'école.

« A l'aide de ces concours, l'instituteur verra ses
« efforts reconnus, appréciés, encouragés ; et déjà
« l'expérience a prouvé qu'ils étaient les premiers à
« recueillir les fruits de ces luttes pacifiques.

« Mais, dit-on, les concours peuvent nuire anx ins-
« tituteurs dont les élèves ne seraient pas assez heu-
« reux pour remporter quelques-unes de nos cou-
« ronnes.

« Cette opinion ne me semble pas fondée, chacun
« sait que d'une année à l'autre le personnel des
« classes se renouvelle et qu'il n'a pas toujours la
« même valeur. Une école qui figurait l'année der-
« nière au premier rang peut être supplantée par une
« autre plus heureuse. On ne reproche pas pour
« cela au maître zélé de s'être reposé sur ses lau-
« riers ; on lui dit de persévérer avec l'assurance que
« le succès viendra de nouveau couronner ses
« efforts.

« D'ailleurs nos prix et nos mentions honorables
« sont en nombre suffisant ; et, avec de la bonne
« volonté, il n'est guère d'école qui ne puisse obte-
« nir quelques nominations.

« Enfin, lors même qu'un maître à défaut d'en-
« fants assez âgés ou assez instruits n'aurait pas
« de succès au concours, s'il est actif, s'il s'occupe
« avec sollicitude de ses élèves, les populations et
« et les autorités ne sont point injustes : elles sau-
« ront toujours reconnaître son zèle et son dévoue-
« ment. Cette année même des récompenses de diverse
« nature sont accordées à plusieurs instituteurs dont les
« élèves n'occupent pas les premiers rangs.

« N'ayez donc pas d'inquiétude, chers instituteurs,
« venez sans crainte vous mesurer avec vos con-
« frères, sûrs dans tous les cas, d'obtenir l'estime
« et la considération qu'on accorde toujours à ceux
« qui remplissent bien leurs devoirs.

« Mais voici une autre objection plus sérieuse,
« n'est-il pas à craindre, dit-on, que l'instituteur,
« en vue d'assurer le succès de son école ne s'oc-
« cupe uniquement de ses élèves les mieux doués et
« ne néglige les autres.

« J'ai par trop de confiance en nos instituteurs
« pour les croire capables d'agir ainsi. Leur cons-
« cience, les réclamations des familles, les autorités
« locales, enfin l'administration ne leur permet-
« traient pas d'oublier à ce point leur devoir pro-
« fessionnel.

« Mais, si après les heures de classe réglemen-
« taires, emportés par leur zèle, quelques-uns gar-
« daient, le soir, auprès d'eux, ceux de leurs élèves
« qui doivent affronter les épreuves du concours, qui
« aurait droit de les blâmer ?

CHAPITRE QUATRIÈME.

De l'Organisation Municipale.

L'organisation municipale, a donné lieu récemment à la Chambre à des discussions assez vives, les uns voulaient que les maires fussent nommés par les conseils municipaux ; les autres, et c'est leur doctrine qui a prévalu, voulaient qu'ils fussent nommés par l'autorité, mais pris dans le sein du conseil municipal.

Ces deux systèmes discutés et développés longuement, comme toujours, par les honorables, pris isolément, sont aussi dangereux l'un que l'autre, mais si on les fusionne, on trouve un juste milieu qui concilie parfaitement les principes de ces deux opinions tout en donnant de la force à l'organisation.

Le maire, c'est certain, doit avant tout être l'homme du pays, investi de la confiance de ses concitoyens, mais il doit être aussi l'homme du pouvoir exécutif qu'il représente. A ce double titre, il doit provenir du suffrage universel et être choisi par le pouvoir.

Il faut donc que les maires, de même que les adjoints, soient nommés par l'autorité administrative, mais sur la présentation de trois candidats nommés par le conseil, tout autre moyen créera fatalement un dualisme pernicieux entre le pays et l'autorité.

Il faut aussi que la commune jouisse d'une plus grande liberté. Que les séances des conseils municipaux soient publiques, afin que les électeurs puissent juger par eux-mêmes si leurs mandataires soutiennent réellement les intérêts confiés à leur vigilence.

La commune sera libre d'employer comme bon lui semblera, sans autre contrôle que celui exercé par la cour des comptes, le contingent lui revenant dans l'impôt total et les subventions qui lui seront allouées ; mais lorsqu'elle voudra faire une dépense extraordinaire, égale au montant de ses ressources annuelles ou supérieure à cette somme, elle devra s'imposer aussi extraordinairement pour le quart de cette dépense, et l'Etat fournira les trois autres quarts. Elle devra justifier, avant tout, d'un avis favorable donné sur les lieux mêmes où la dépense devra être faite, par la commission cantonale, le conseil municipal et les plus imposés entendus.

A l'égard des autres dépenses ordinaires et extraordinaires, il y sera fait face selon que la commune avisera.

Les membres du bureau de bienfaisance et les membres des commissions des chemins de grande et de moyenne communication devront être élus par le suffrage universel.

Les présidents de sociétés de secours mutuels ou autres, devront être nommés par les sociétaires. Les médecins et pharmaciens qui donnent des soins ou livrent des médicaments aux sociétaires, à tout autre titre qu'à celui purement gratuit, ne devront pas pouvoir faire partie du conseil d'administration.

La manière dont les élections municipales ont été

conduites depuis près de vingt ans, n'est aujour-
d'hui, un mystère pour personne. La plupart des
maires, suivant en cela l'exemple que leur donnait
le gouvernement dans les élections des députés, dres-
saient la liste de leurs fidèles, et, consultant moins
les intérêts communaux que leur vanité ou leurs ran-
cunes personnelles, ne reculaient devant aucun
moyen pour éliminer des citoyens appelés par leur
position et leurs connaissances à rendre des services
à leur pays, mais qui avaient eu le malheur de leur
déplaire ou à quelqu'un des leurs.

Un pareil état de choses, a naturellement porté
ses fruits. Ces citoyens, grâce aux moyens d'action et
aux avantages possédés par leurs adversaires, restaient comme on dit sur le carreau, ou bien, ne
voulant pas continuer la lutte au sein même du
conseil municipal, se retiraient paisiblement dans
leurs foyers, et, dans l'un comme dans l'autre cas,
l'absolutisme des maires était érigé en fait et *l'ipse-
dixitisme* érigé en principe.

Les préfets qui ne jugeaient des choses que de
leurs palais enchantés, voyant toujours des délibé-
rations prises à l'unanimité ou à une très-grande
majorité, croyaient que tout allait pour le mieux.
Ils faisaient dans ce sens des rapports magnifiques au
point de vue du style, mais dont un prochain avenir
nous révèlera toute la vérité.

Un des premiers soins du gouvernement devra
être de prescrire des élections libres, exemptes d'in-
dications, de cabales et de pression, desquelles ré-
sulte la connaissance de la volonté réelle du pays,
spontanément exprimée : il devra déclarer indigne
de porter l'écharpe municipale tout citoyen dont la
conduite ne serait pas conforme à ces principes.

Le gouvernement devra en même temps mettre à
néant la circulaire de M. Emile Olivier, ex-garde des
sceaux, qui interdit aux juges de paix de faire partie
des conseils généraux, d'arrondissement et municipaux, cette mesure ayant été prise sans droit, et
je dirai même sans raison, du moins en ce qui con-

cerne les conseils municipaux.

Sans droit : les prohibitions et les incompatibilités en matière d'élections ayant été réglées par une loi discutée et votée par les chambres, ne peuvent être étendues ni restreintes selon le bon plaisir d'un ministre et par une simple circulaire, l'arbitraire alors primerait le droit et nous nous trouverions dans le chaos.

Sans raison, du moins en ce qui concerne les conseils municipaux : les juges de paix, — ce point ne sera contesté par personne, — sont au point de vue de l'instruction, de l'intelligence, et même de la moralité, au-dessus de la plupart de leurs concitoyens. D'un autre côté, habitués à concilier, ils sont plus aptes que personne à discuter avec modération et avec dignité toutes les questions. C'est donc en vain qu'on cherche la raison qui a pu leur faire interdire l'acceptation d'un mandat qui convient parfaitement à leur caractère et qui ne manquera pas de leur être confié.

Pour ce qui est des conseils généraux et d'arrondissement, je crois la mesure bonne en principe. Il y aura donc lieu pour le gouvernement de proposer une modification à la loi dans le sens de la circulaire.

L'exclusion prononcée si légèrement par **M.** le garde des sceaux a encore l'inconvénient de tenir les juges de paix comme en état de suspicion et de rabaisser ainsi une magistrature qui doit être au contraire, relevée et surtout débarassée du rôle d'agent subalterne, que les préfets ont été autorisés à lui faire remplir, parfois d'une manière si abusive.

CHAPITRE CINQUIÈME.

Des Commissions Cantonales. (1)

Sous le gouvernement qui vient de s'effondrer, les préfets étaient des fonctionnaires de l'ordre administratif à 20, 30 et 40,000 fr. d'appointements, placés par rang de poigne dans des palais meublés, à l'effet de donner des dîners, des soirées, recevoir des visites, prendre quelques arrêtés dont l'exécution n'était même pas suivie, fixer les jours d'ouverture et de fermeture de la chasse ; présider les conseils de révision et surtout les dîners qui suivaient, donner ou refuser sans motifs plausibles des autorisations qui ne devraient pas être demandées ; nommer les gardes-champêtres, les instituteurs et enfin distribuer selon leur bon plaisir les bureaux de tabac.

---

(1) Ces commissions pourront très-avantageusement remplacer les sous-préfectures, qui, en raison du peu de services qu'elles rendent ne paraissent pas devoir être maintenues.

Sauf le cas d'élection, ils apparaissaient une fois par an pendant deux ou trois heures en grand apparat dans chaque chef-lieu de canton, mais ils étaient complétement inconnus dans toutes les autres communes rurales, dont par contre ils ignoraient noblement l'existence, ainsi que les besoins comme les aspirations des habitants.

Aussi remarque-t-on à chaque pas, le résultat de cet abandon. Presque partout, les mairies, les écoles, les presbytères, les logements des instituteurs sont désastreusement construits, mal distribués, incommodes, mal clos. Tout enfin y atteste l'incurie ou l'incapacité, et pourtant toutes ces constructions ont coûté cher et les architectes sont habiles. Mais le défaut de surveillance a laissé passer des compromis entre les entrepreneurs et ces architectes, et les communes dont les maires sont rarement compétents en pareille matière, ont bien et dûment payé ces mauvaises constructions le prix affecté à des travaux parfaits.

Afin de remédier à ce fâcheux état de choses dû surtout à l'éloignement des communes de la préfecture, il sera institué dans chaque chef-lieu de canton une commission composée du conseiller général, du conseiller d'arrondissement, du juge de paix et d'un délégué de chacune des communes, élu par le suffrage universel.

Cette commission qui nommera son président et son secrétaire, ne pourra délibérer que lorsqu'il y aura au moins les trois quarts des membres présents, elle devra se réunir au chef-lieu de canton au moins une fois par mois et plus souvent s'il en est besoin.

Elle discutera la part revenant à chaque commune dans le contingent alloué au canton, dans l'impôt.

Elle donnera son avis sur toutes les dépenses extraordinaires des communes atteignant leur contingent annuel et sur les aliénations à faire par ces mêmes communes; elle devra, en cas de construction, approuver les plans, devis, cahier des charges d'adjudication et enfin la réception des travaux. Les avis seront toujours motivés et donnés sur le rapport d'une délégation de cinq membres qui aura examiné sur les lieux mêmes l'objet de la dépense, de l'aliénation ou la construction et entendu le conseil municipal et les plus imposés.

On pourra toujours se pourvoir en conseil de préfecture contre la décision de la commission, par voie de simple pétition, portant la signature du quart au moins des électeurs inscrits.

Cette commission cantonale remplacera la commission d'hygiène et de salubrité publique, dans le rôle que celle-ci était appelée à remplir.

CHAPITRE SIXIÈME.

Des petits Traitements et du Luxe.

J'ai parlé plus haut de l'augmentation des petits traitements, il y aura lieu assurément d'adopter cette mesure, car il y a des fonctionnaires, non dépourvus d'un certain mérite, qui ne reçoivent que des traitements à peine suffisants pour les tenir au-dessus des premiers besoins.

Mais si, comme il y a lieu de l'espérer, la République se maintient, cette augmentation ne demandera pas une part importante. La disparition de la Cour et de tout son attirail à scandale, aura comme conséquence forcée, sinon l'abolition, du moins une grande diminution du luxe et par suite un moins grand besoin des richesses. Des mœurs austères prendront la place des mœurs licencieuses et frivoles ; tous les regards se détourneront avec mépris des cocodès et des petits crevés, pour se porter vers le mérite auquel on ne pourra plus comme équivalent opposer la richesse ; le vice et l'incapacité seront à jamais bannis des premiers emplois de l'Etat ; les honneurs

et. les dignités seront exclusivement réservés au mérite et à la vertu ; l'or n'effacera plus les stigmates de
l'infamie, le luxe discrédité n'humiliera plus l'indi-
gence méritante et vertueuse, les richesses seront
réduites à leur véritable valeur, et alors comme a dit
Marmontel « celui qui les possédera, s'il veut
« s'honorer et les annoblir, en fera un plus digne
« usage. »

« Le luxe, continue l'admirable auteur que je viens
de citer, « met l'homme opulent dans l'impossibité
« d'être généreux : ses besoins le rendent avare et
« son avarice est un mélange de toutes les pas-
« sions qu'on satisfait avec de l'or, mais si les plus
« ardentes de ces passions, l'orgueil, l'ambition,
« l'amour même, car il suit la gloire, ne tiennent plus
« aux objets du luxe, voyez combien il pert de son
« attrait et l'avarice de sa force.

« Les avantages réels de la richesse, l'aisance, les
« commodités, les délices de l'abondance, l'indé-
« pendance et le repos, enfin l'empire que le riche
« exerce sur une foule d'hommes occupés de lui, tout
« cela dis-je, est plusque suffisant pour émouvoir les
« petites âmes ; mais si les distinctions honorables
« n'y sont plus attachées, les âmes à qui la nature
« a donné de l'énergie et de l'élévation, les âmes sus-
« ceptibles des passious nobles et des grandes vertus
« dédaigneront les objets de la vanité et chercheront
« ailleurs la louange et la gloire. »

CHAPITRE SEPTIÈME.

De la forme du Gouvernement.

Une guerre à jamais maudite, funeste pour le vaincu, funeste pour le vainqueur, fatale à la civilisation et à l'humanité, décidée pour dissimuler des dilapidations et pour affermir une dynastie, déchire en ce moment les entrailles de notre belle France, fait couler à grands flots un sang pur, jeune et généreux, amoncelle des ruines et des désastres que vingt années de travail, de sueur, de fatigues et de privations pourront à peine réparer.

Cette calamité publique que M. Thiers et ses amis ont été impuissants à conjurer, démontre combien il est dangereux pour un peuple, de remettre ses destinées aux mains d'un seul homme, et dans quel abîme il peut tout-à-coup être précipité par un gouvernement dont les actes sont contrôlés par des hommes à sa solde, choisis par lui, et par des députés issus de candidatures officielles ou agréables, c'est-à-dire résultant de l'union plus ou moins grotesque ou incestueuse du suffrage universel avec le despotisme.

Puisse cette terrible leçon profiter à la France, et lui faire comprendre aujourd'hui, qu'elle ne peut rester grande et reconquérir, sinon conserver la place qu'elle occupait parmi les grandes puissances de l'Europe, qu'à la condition de rester Républicaine ; que c'en est fait d'elle si jamais elle commet la faute de choisir ou d'accepter une autre forme de gouvernement, et cela pour les raisons suivantes :

1° Un peuple en deuil, incendié, dévasté, réduit par l'ineptie, les déprédations et la folle ambition de celui qui le gouvernait, à vider jusqu'à la lie, la coupe de toutes les amertumes, qui consentirait de nouveau, après de tels malheurs, à se dessaisir de sa souveraineté, pourrait avec raison, être soupçonné d'insanité d'esprit. Un tel peuple marcherait à grands pas vers la décadence, et rien au monde ne pourrait entraver cette marche rapide.

2° Un peuple qui depuis moins d'un siècle, par des révolutions successives a renversé six monarchies et qui rêverait encore une restauration, pourrait avec non moins de raison, être trouvé léger, inconséquent et même révolutionnaire.

3° Un gouvernement républicain fera des réformes sociales importantes qui augmenteront la liberté, élèveront le sentiment du droit et du juste, développeront l'instruction, répartiront équitablement les charges de l'Etat selon les forces et les facultés de chacun, et rendront ainsi le poids de l'impôt léger pour tous, tout en augmentant sensiblement les ressources publiques.

4° Un gouvernement républicain, en laissant au peuple toute sa souveraineté, en lui réservant le droit d'élire ses mandataires tous les quatre ans, en accordant à chacun le droit d'exposer ses idées et de développer ses doctrines comme bon lui semblera, fera disparaître à jamais jusqu'au prétexte même de toute révolution qui, dans un semblable état de choses, loin d'être considérée comme le plus saint des devoirs, serait au contraire regardée comme un attentat aux droits du peuple souverain, attentat dont les fauteurs quelque soit leur rang ou leur condition seraient exemplairement châtiés.

Au contraire, si par impossible, un gouvernement monarchique quelconque venait encore à s'établir, les institutions du régime déchu seraient maintenues et continuées, la liberté serait étouffée ; les réformes sociales seraient ajournées, on suivrait pour la répartition des charges énormes qui vont nécessairement peser sur la France, les errements anciens ; l'agriculture et le commerce seraient sur-imposés dans des proportions considérables, les objets de première nécessité servant à l'alimentation seraient surtaxés, et les travailleurs écrasés, tandis que les fortunes mobilières, le luxe et le superflu continueraient d'être exonérés. Alors, les laboureurs, les artisans et les ouvriers aigris, révoltés, désespérés de travailler toujours, d'acquérir sans cesse et de ne posséder jamais, se dégoûteraient du travail, deviendraient des paresseux, des mendiants ou des criminels, et le sol abandonné, négligé, deviendrait improductif faute de bras pour le travailler.

Je ne crois pouvoir mieux terminer ces réflexions que par les conclusions suivantes, du manifeste publié à Bordeaux, le dix-sept février dernier, par M. le marquis de Noailles.

« Hommes d'ordre, à quelque parti que vous ap-
« parteniez, le pays tout entier, par le suffrage uni-
« versel, vient de vous donner le pouvoir. Si vos
« mains débiles n'osent le garder, si vous l'allez
« porter une fois de plus aux pieds d'un prince,
« vous aurez perdu la France. »

Compiègne. — Imprimerie J. DELHAYE, rue de la Corne-de-Cerf, 8.